EL PROPÓSITO DE LAS REGLAS Y LAS LEYES

JOSHUA TURNER

TRADUCIDO POR ESTHER SARFATTI

PowerKiDS press.

New York

Published in 2019 by The Rosen Publishing Group, Inc.
29 East 21st Street, New York, NY 10010

First Edition

Translator: Esther Sarfatti
Editorial Director, Spanish: Nathalie Beullens-Maoui
Editor, Spanish: Ana María García
Editor, English: Melissa Raé Shofner
Book Design: Tanya Dellaccio

Photo Credits: Cover Wealan Pollard/OJO Images/Getty Images; p. 5 andresr/E+/Getty Images; p. 7 (Capitol Building) MH Anderson Photography/Shutterstock.com; p. 7 (Congress meeting) Chip Somodevilla/Getty Images News/Getty Images; p. 9 Rawpixel.com/Shutterstock.com; p. 11 Ariel Skelley/DigitalVision/Getty Images; p. 13 (White House) Andrea Izzotti/Shutterstock.com; p. 13 (US Capitol) turtix/Shutterstock.com; p. 13 (Supreme Court Building) Diego Grandi/Shutterstock.com; p. 15 (MLK Jr.) Consolidated News Pictures/Hulton Archive/Getty Images; p. 15 Hero Images/Getty Images; p. 17 (signing the Constitution) https://commons.wikimedia.org/wiki/File:Scene_at_the_Signing_of_the_Constitution_of_the_United_States.jpg; p. 17 (US Constitution) https://commons.wikimedia.org/wiki/File:Constitution_of_the_United_States,_page_1.jpg; p. 19 Maskot/Getty Images; p. 21 SAEED KHAN/AFP/Getty Images; p. 22 Kinga/Shutterstock.com.

Cataloging-in-Publication Data

Names: Turner, Joshua.
Title: El propósito de las reglas y las leyes / Joshua Turner.
Description: New York : PowerKids Press, 2019. | Series: Virtud cívica: Trabajemos juntos | Includes glossary and index.
Identifiers: LCCN ISBN 9781538333686 (pbk.) | ISBN 9781538333679 (library bound) | ISBN 9781538333693 (6 pack)
Subjects: LCSH: Law—Juvenile literature. | Social norms—Juvenile literature.
Classification: LCC K246.T87 2019 | DDC 340'.1-dc23

Manufactured in the United States of America

CPSIA Compliance Information: Batch #CS18PK: For Further Information contact Rosen Publishing, New York, New York at 1-800-237-9932

CONTENIDO

La vida sin reglas 4

La diferencia entre reglas y leyes 6

¿Por qué tenemos reglas? 8

La importancia de las leyes 10

¿Quién hace las leyes? 12

Romper las reglas y las leyes 14

Una sociedad justa 16

Una sociedad que funciona 18

Cambiar las reglas y las leyes 20

Buenas razones para tener reglas y leyes 22

Glosario 23

Índice 24

Sitios de Internet 24

LA VIDA SIN REGLAS

¿Cómo sería la vida sin reglas? Imagínate que estás a punto de jugar una partida de cartas con tus amigos. Después de repartir las cartas, te das cuenta de que no sabes cuáles son las reglas. ¿Cómo podrás jugar?

Suponte que estás haciendo fila en el cine y alguien se cuela delante de ti. Quieres decirle algo, pero no hay ninguna regla en contra de colarse. La vida sin reglas sería más difícil de lo que nos imaginamos.

LAS SOCIEDADES SE FORMARON PORQUE ASÍ LA VIDA ERA MEJOR Y MÁS PREVISIBLE. PARA QUE HAYA BUENAS SOCIEDADES, SE NECESITAN REGLAS Y LEYES.

MUCHOS GRANDES PENSADORES SE HAN PREGUNTADO CÓMO ERA EL MUNDO ANTES DE QUE EXISTIERAN LAS SOCIEDADES. MUCHOS CREEN QUE HABÍA UN "ESTADO DE NATURALEZA" DONDE LA GENTE PODÍA HACER SIEMPRE LO QUE QUISIERA.

LA DIFERENCIA ENTRE REGLAS Y LEYES

Las reglas y las leyes sirven para que la gente esté segura, para mantener la paz y para defender nuestros valores y principios morales. Aunque sus propósitos sean similares, las reglas y las leyes no son lo mismo. Las reglas son como **pautas** que guían nuestro comportamiento, mientras que las leyes son mucho más serias.

Piensa en las reglas en tu salón de clases o en tu casa; estas se crean y se hacen cumplir por gente cercana a ti para ayudarte a ser buena persona. Las leyes las crean y las hacen cumplir los gobiernos y la policía; son más difíciles de hacer, y romperlas tiene **consecuencias** más **graves**.

EN ESTADOS UNIDOS, LAS LEYES SE HACEN EN EL CAPITOLIO. LOS REPRESENTANTES DE TODO EL PAÍS SE REÚNEN PARA CREAR LEYES PARA EL BIEN COMÚN DE LOS CIUDADANOS ESTADOUNIDENSES.

CIUDADANOS EN ACCIÓN

ESTADOS UNIDOS ES UNA DEMOCRACIA REPRESENTATIVA. ESTO SIGNIFICA QUE LOS CIUDADANOS ELIGEN A EMPLEADOS PÚBLICOS PARA QUE LOS **REPRESENTEN** EN EL GOBIERNO. ASÍ, LOS CIUDADANOS PUEDEN HACERSE OÍR EN SU GOBIERNO Y TAMBIÉN EN LA CREACIÓN DE LAS LEYES.

¿POR QUÉ TENEMOS REGLAS?

Las reglas son más fáciles de hacer cumplir y más fáciles de cambiar que las leyes. También son flexibles, lo cual significa que las personas que las hacen pueden cambiarlas fácilmente para adaptarlas a diferentes casos.

Las reglas sirven para que las personas como los maestros o los padres puedan poner orden sin tener que seguir todo el proceso de aprobar una ley. Si los maestros tuvieran que aprobar una ley cada vez que quisieran cambiar la forma de llevar su clase, nunca conseguirían hacer nada.

LAS REGLAS AYUDAN A LOS GRUPOS PEQUEÑOS, COMO TU FAMILIA O TU CLASE, A COMPRENDER CÓMO DEBEN COMPORTARSE DURANTE SUS ACTIVIDADES DIARIAS.

LA IMPORTANCIA DE LAS LEYES

Las leyes normalmente se aplican a un número más grande de personas que las reglas. Sirven para que la gente en estos grupos grandes sepa qué cosas puede hacer y qué cosas no puede hacer. Dado que las leyes afectan a tantas personas, toman mucho tiempo en crearse y no son fáciles de cambiar.

Las leyes son importantes porque informan a la gente de qué comportamientos, o formas de actuar, son aceptables en la sociedad. La gente sabe que si rompe una ley, se puede meter en problemas, y esto los anima a comportarse mejor.

¿QUIÉN HACE LAS LEYES?

En Estados Unidos, los funcionarios electos crean las leyes. Estos representantes escuchan a la gente, y luego votan para crear leyes basadas en lo que la gente quiere. Los **legisladores** a veces tardan mucho tiempo en ponerse de acuerdo en lo que una ley debe decir.

Las elecciones permiten a la gente votar por los candidatos que mejor representarán sus intereses. Si los representantes no crean leyes que gusten a la gente, es posible que no sean reelegidos. La posibilidad de tener voz en la creación de las leyes es una **responsabilidad** muy grande.

CIUDADANOS EN ACCIÓN

JAMES MADISON Y ALEXANDER HAMILTON FUERON DOS DE LOS PADRES FUNDADORES DE NUESTRA NACIÓN. ELLOS CREÍAN QUE EL PODER DEL GOBIERNO DE ESTADOS UNIDOS DEBÍA DIVIDIRSE EN RAMAS DIFERENTES PARA QUE NO HUBIERA UNA SOLA PERSONA CON DEMASIADO PODER.

- CREA LAS LEYES.
- APRUEBA LOS NOMBRAMIENTOS PRESIDENCIALES.
- HAY DOS SENADORES DE CADA ESTADO.
- EL NÚMERO DE CONGRESISTAS SE BASA EN LA POBLACIÓN.

RAMA EJECUTIVA

- FIRMA LAS LEYES.
- VETA LA LEYES.
- **INDULTA** A LA GENTE.
- NOMBRA A LOS JUECES FEDERALES.
- SE ELIGE CADA CUATRO AÑOS.

RAMA JUDICIAL

- DECIDE SI LAS LEYES SON CONSTITUCIONALES.
- ES ELEGIDA POR EL PRESIDENTE.
- TIENE NUEVE JUECES.
- PUEDE ANULAR LAS DECISIONES DE OTROS JUECES.

TENER TRES RAMAS DE GOBIERNO CREA UN SISTEMA DE CONTROL Y EQUILIBRIO. ESTO SIGNIFICA QUE UNAS RAMAS VIGILAN A LAS OTRAS PARA QUE NINGUNA SE HAGA DEMASIADO PODEROSA.

ROMPER LAS REGLAS Y LAS LEYES

Cuando alguien se niega a seguir las reglas o las leyes, puede recibir un **castigo**. Las reglas suelen ser más fáciles de romper, por lo que las consecuencias son menos graves. Cuando rompes una regla en casa o en la escuela, tal vez pierdas algún **privilegio** o tengas que tomarte un tiempo para **reflexionar**.

Las leyes son más serias, así que incumplirlas o romperlas, tiene consecuencias más graves. La gente que incumple la ley tal vez tenga que pagar una multa o incluso pasar tiempo en la cárcel. También podrían tener dificultades a la hora de encontrar trabajo más adelante.

NO ES BUENO ROMPER LAS REGLAS NI LAS LEYES, PERO INCUMPLIR LAS LEYES ES MUCHO PEOR. PODRÍAS PERDER PRIVILEGIOS, COMO EL DE MANEJAR UN AUTO, E INCLUSO PODRÍAS IR A LA CÁRCEL.

CIUDADANOS EN ACCIÓN

EL DOCTOR MARTIN LUTHER KING JR. FUE A LA CÁRCEL VARIAS VECES POR INCUMPLIR LA LEY MIENTRAS LUCHABA POR LOS DERECHOS CIVILES. EL DOCTOR KING CREÍA QUE ALGUNAS LEYES ERAN INJUSTAS. AL ROMPERLAS, ESPERABA LLAMAR LA ATENCIÓN SOBRE ESTAS LEYES PARA QUE SE CAMBIARAN.

UNA SOCIEDAD JUSTA

Las reglas y las leyes hacen que la sociedad sea un lugar más justo. Sin ellas, la gente más poderosa podría hacer una sociedad que es buena para ellos, pero no para los demás.

Gracias a las leyes, hay consecuencias por el mal comportamiento, incluso para la gente poderosa. Esto recibe el nombre de *estado de derecho*. Significa que ninguna persona tiene poder suficiente para hacer siempre lo que le dé la gana, y es una de las ideas más importantes de nuestra nación.

EL ESTADO DE DERECHO EN ESTADOS UNIDOS ESTÁ ESTABLECIDO EN PARTE POR LA CONSTITUCIÓN. LA CONSTITUCIÓN SOLO SE PUEDE CAMBIAR CON EL VOTO DE UNA MAYORÍA DE LOS GOBERNANTES Y DE LOS ESTADOS.

LA CONSTITUCIÓN FUE VOTADA POR LOS 13 ESTADOS QUE LUCHARON CONTRA LOS BRITÁNICOS DURANTE LA GUERRA DE LA INDEPENDENCIA DE ESTADOS UNIDOS. AYUDÓ A ESTABLECER EL ESTADO DE DERECHO EN EL PAÍS, LO QUE SIGNIFICA QUE NINGUNA PERSONA ESTÁ POR ENCIMA DE LA LEY, NI SIQUIERA EL PRESIDENTE.

UNA SOCIEDAD QUE FUNCIONA

Además de hacer que la sociedad sea más justa, las leyes ayudan a la sociedad a funcionar mejor. Las reglas y las leyes dejan claro lo que se espera de cada uno. Así la sociedad es más previsible. Gracias a las normas y a las leyes existentes, los ciudadanos se sienten protegidos en su vida cotidiana.

Piensa por un momento en lo difícil que sería manejar un auto si no existieran las reglas de **tráfico**. Los conductores no pararían para dejar pasar a otros autos y habría constantes choques.

SI NO HUBIERA LEYES, LA GENTE PODRÍA TENER MIEDO DE HACER COSAS COMO CRUZAR LA CALLE O INCLUSO SALIR DE SUS CASAS. LAS REGLAS Y LAS LEYES AYUDAN A LA SOCIEDAD A FUNCIONAR MEJOR.

CAMBIAR LAS REGLAS Y LAS LEYES

Cambiar las reglas y las leyes puede ser difícil, pero no es imposible. Imagina que tienes que acostarte temprano, pero te gustaría quedarte hasta más tarde. Tal vez tus papás te cambien la hora de acostarte si les das una buena razón por la que deberías quedarte despierto.

Para cambiar las leyes, debes **convencer** a tus representantes para que voten por lo que a ti te interesa. También podrías presentarte tú mismo como candidato a un cargo público. Es más fácil cambiar las reglas y las leyes cuando tienes buenas razones para creer que las cosas deberían ser diferentes.

LOS **ACTIVISTAS** LLAMAN LA ATENCIÓN SOBRE LAS LEYES QUE A ELLOS LES GUSTARÍA CAMBIAR. ES MÁS PROBABLE QUE LOS REPRESENTANTES VOTEN PARA CAMBIAR UNA LEY SI SABEN QUE HAY MUCHA GENTE A FAVOR DEL CAMBIO.

BUENAS RAZONES PARA TENER REGLAS Y LEYES

Las reglas y las leyes tienen varios propósitos. Informan a las personas sobre lo que se espera de ellas. También ayudan a la sociedad a funcionar mejor. Las leyes son difíciles de hacer y cambiar, pero no es imposible si los ciudadanos están realmente interesados.

La próxima vez que tus maestros o padres hagan reglas que no te gusten, piensa muy bien en ellas. Tal vez tengan un propósito que no entendiste en un primer momento. Lo más probable es que a la larga mejoren tu vida.

GLOSARIO

activista: alguien que actúa enérgicamente a favor o en contra de un asunto o cuestión.

castigo: pena que se recibe por hacer algo que no se debe.

consecuencia: algo que ocurre como resultado de cierta acción o serie de condiciones.

Constitución: el documento que describe las leyes básicas por las cuales se gobierna un país.

convencer: hacer que alguien crea algo.

grave: algo de mucha importancia o que requiere mucha consideración.

indultar: perdonar oficialmente a alguien.

legislador/a: persona que crea leyes.

pauta: modelo que sirve para guiar a alguien.

previsible: algo que se puede suponer antes de que pase.

privilegio: derecho o favor especial.

reflexionar: pensar con mucha atención acerca de algo.

representar: actuar oficialmente de parte de alguien o algo.

responsabilidad: algo que una persona tiene a su cargo.

tráfico: los vehículos, como autos y camiones, que circulan o se mueven en cierto lugar.

ÍNDICE

C
Capitolio, edificio del, 6
castigo, 14
consecuencias, 6, 14, 16
Constitución, 16, 17
controles y equilibrios, 13

D
democracia representativa, 7

E
elecciones, 12
estado de derecho, 16, 17

G
Gobiernos, 6, 7, 12, 13, 16

H
hacer cumplir, 6, 8, 11
Hamilton, Alexander, 12

K
King, Martin Luther, Jr., 15

M
Madison, James, 12

P
pauta, 6
policía, 6, 11
privilegios, 14, 15

R
ramas del Gobierno, 12, 13
reglas de tráfico, 18
representante, 6, 12, 20

S
sociedades, 4, 5, 10, 16, 18, 19, 22

SITIOS DE INTERNET

Debido a la naturaleza cambiante de los enlaces de internet, PowerKids Press ha elaborado una lista de sitios web relacionados con el tema de este libro. Este sitio se actualiza de forma regular. Por favor, utiliza este enlace para acceder a la lista: www.powerkidslinks.com/civicv/rlpurp